U0884325

2021 中国奶业质量报告

中国奶业协会
农业农村部奶及奶制品质量监督检验测试中心（北京） 编

中国农业科学技术出版社

图书在版编目（CIP）数据

中国奶业质量报告．2021 / 中国奶业协会，农业农村部奶及奶制品质量监督检验测试中心（北京）编．—北京：中国农业科学技术出版社，2021.7

ISBN 978-7-5116-5391-8

Ⅰ．①中…　Ⅱ．①中…　②农…　Ⅲ．①乳品工业—质量管理—研究报告—中国—2021　Ⅳ．①F426.82

中国版本图书馆 CIP 数据核字（2021）第 122215 号

责任编辑　金　迪
责任校对　贾海霞
责任印制　姜义伟　王思文

出 版 者　中国农业科学技术出版社
北京市中关村南大街12号　　邮编：100081
电　　话　（010）82109194（编辑室）（010）82109702（发行部）
（010）82109709（读者服务部）
传　　真　（010）82109698
网　　址　http://www.castp.cn
经 销 者　各地新华书店
印 刷 者　北京地大彩印有限公司
开　　本　889mm×1 194mm　1/16
印　　张　3
字　　数　44千字
版　　次　2021年7月第1版　　2021年7月第1次印刷
定　　价　98.00元

中国奶业质量报告（2021）

编 委 会

主　任：杨振海

副主任：魏宏阳　刘亚清　秦玉昌

委　员：卫　琳　张智山　李胜利　陈绍祜　郑　楠

王加启　闫青霞

编写人员

主　编：刘亚清　王加启

副主编：邓兴照　卫　琳　郑　楠　刘慧敏　郭利亚

编　者：孙永健　李竞前　吕中旺　张　超　黄京平

单吉浩　叶　丰　曹志军　张养东　郝欣雨

曹　正

前　　言

奶业惠及亿万人民的身体健康，是关系国计民生的战略性产业，乳品是城乡居民日常消费的必需品。党中央、国务院高度重视奶业发展和乳品质量安全，习近平总书记、李克强总理多次做出重要批示。2021年中央1号文件明确“继续实施奶业振兴行动”，为奶业持续健康发展提出了新要求。

回顾2020年，经过全国各地区、各部门的不懈努力，我国奶业综合生产能力持续增强，质量安全水平立足高位实现再提升。生鲜乳、乳制品抽检合格率均达到99%以上，乳蛋白、乳脂肪和菌落总数的抽检平均值分别为3.27g/100g、3.78g/100g和14.64万CFU/mL，远高于《食品安全国家标准 生乳》（GB 19301—2010）要求水平。体细胞抽检平均值27.53万个/mL，优于欧盟标准。三聚氰胺等违禁添加物抽检合格率连年保持100%，没有发生重大乳品质量安全事件。

2021年是“十四五”开局之年，也是“两个一百年”目标交汇之年，全面建设社会主义现代化国家新征程即将开启，是我国奶业实现新的更大发展的关键时期。奶业发展要聚焦奶源生产、乳品质量安全和国产乳品消费信心，持续推进奶业全产业链高质量发展。

《中国奶业质量报告（2021）》延续历年做法，通过分析发布权威数据，分享奶业新变化、新动向，客观展示我国奶业振兴发展进程，增强广大消费者对国产乳制品消费信心。本报告得到了农业农村部、工业和信息化部、商务部、国家卫生健康委、海关总署、国家市场监管总局等有关部门，以及中国农业科学院、全国畜牧总站、国家奶牛产业技术体系的大力支持，在此一并表示诚挚的谢意。

中 国 奶 业 协 会

农业农村部奶及奶制品质量监督检验测试中心（北京）

2021 年 7 月

目　录

一、中国奶业质量安全概要

2020年，我国奶业发展形势稳步向好，奶业生产持续增长，规模化养殖比例进一步提升，生产变革与技术创新稳步加快，奶业全产业链素质稳步提升，乳品质量持续保持较高水平，国产品牌美誉度和国际竞争力逐步增强。

（一）乳品产量稳步提升

2020年，中国奶类产量3 530万吨，同比增长7.0%，中国乳制品产量2 780.4万吨，同比增长2.8%，近三年乳品产量稳步提升。

（二）乳品质量持续提升

2020年，生鲜乳抽检合格率99.8%，同比持平；三聚氰胺等重点监控违禁添加物抽检合格率连续12年保持100%。乳制品总体抽检合格率99.87%，婴幼儿配方乳粉抽检合格率99.89%。

（三）奶业产业素质加快提升

2020年，中国奶业转型升级步伐进一步加快，标准化、规模化牧场已经成为发展主流，存栏100头以上规模化养殖比例达到67.2%，同比提高3.2个百分点，比2015年提高18.9个百分点。奶牛单产水平进一步提高，达到8.3吨，同比增长0.5吨，比2015年增长2.3吨。规模化牧场100%实现机械化挤奶，95%配备全混合日粮（TMR）搅拌车。

（四）质量安全监管工作成效明显

连续12年组织实施全国生鲜乳质量安全监测计划和专项整治行动，监测范围覆盖所有奶站和运输车，落实“确保婴幼儿配方乳粉奶源安全六项措施”，强化婴幼儿配方乳粉奶源监管，2020年抽检生鲜乳样品1.1万批次，现场检查奶站0.61万个（次）、运输车0.58万辆（次）。严格进口乳制品监管，未准入境乳制品38批次，已全部按要求退货或销毁。

专栏一

全力以赴抗新冠疫情 齐心协力保奶业生产

2020 年，新冠肺炎疫情暴发并蔓延，给经济社会发展带来了前所未有的挑战，我国奶业生产、加工、消费等各环节不同程度受到了影响。

新冠肺炎疫情发生后，国务院有关部门积极行动、协同作战。农业农村部迅速启动生产监测、产销对接等机制，建立全国奶业生产形势日报制度，推动乳品纳入疫情期间保障供应产品和应急运输保障范围，会同国家发展和改革委员会、交通运输部、公安部等有关部门印发了《关于确保“菜篮子”产品和农业生产资料正常流通秩序的紧急通知》《关于解决当前实际困难加快养殖业复工复产的紧急通知》。工信部发布《支持中小企业应对新冠肺炎疫情政策指引》，促进复工复产。市场监管总局开展“保价格、保质量、保供应”系列行动，保障疫情期间乳制品生产供应稳定。国内乳品企业勇担社会责任，积极开展抗疫捐赠，先后有 172 家奶业企业捐赠款项、医疗设备和乳制品，累计捐赠款物 19.61 亿元。

在社会各界的共同努力下，2020 年上半年，奶业迅速恢复正常产销秩序，保障了全年奶业生产的快速增长，全年奶类产量 3 530 万吨，同比增长 7.0%；其中牛奶产量 3 440 万吨，同比增长 7.5%，是 2008 年以来增幅最大的一年。在这场与新冠肺炎疫情的持续战斗中，健康成为全社会高度关注的话题，消费者对健康的需求更加迫切。乳制品被列入新冠肺炎疫情重点人群营养健康指导建议，老人、儿童每天摄入 300 克液体奶或相当量的奶制品，推动奶制品消费显著增长。 2020 年，人均乳制品年消费量达到 38.3 千克，同比增长 2.5 千克。

二、中国奶业生产与消费

(一)奶牛养殖

1. 奶类产量

2020 年，中国奶类产量 3 530 万吨，同比增长 7.0%，比 2015 年增长 7.1%（图 2–1）。其中，牛奶产量 3 440 万吨，同比增长 7.5%，比 2015 年增长 8.2%；羊奶等其他奶类产量 90 万吨，同比减少 6.6%。奶类产量排名世界第四位，占全球总产量 4.1%。

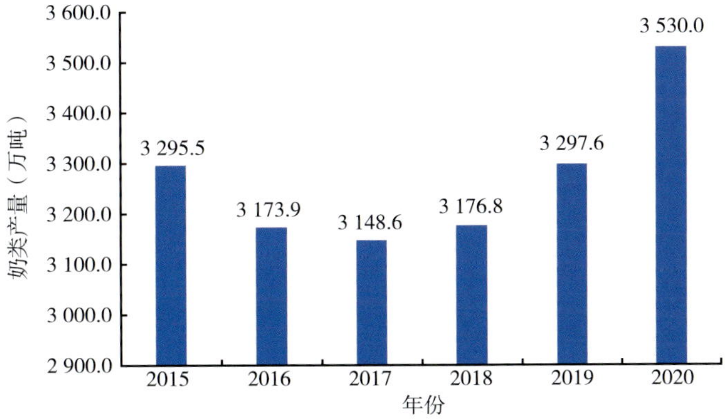

图 2–1　2015—2020 年中国奶类产量

（数据来源：国家统计局）

2. 规模化养殖水平

2020 年，中国奶牛场（户）均存栏奶牛 209 头，同比增加 43 头，增幅 25.9%；规模养殖进程进一步加快，100 头以上规模化养殖比例为 67.2%，同比提高 3.2 个百分点，比 2015 年提高 18.9 个百分点（图 2–2）。

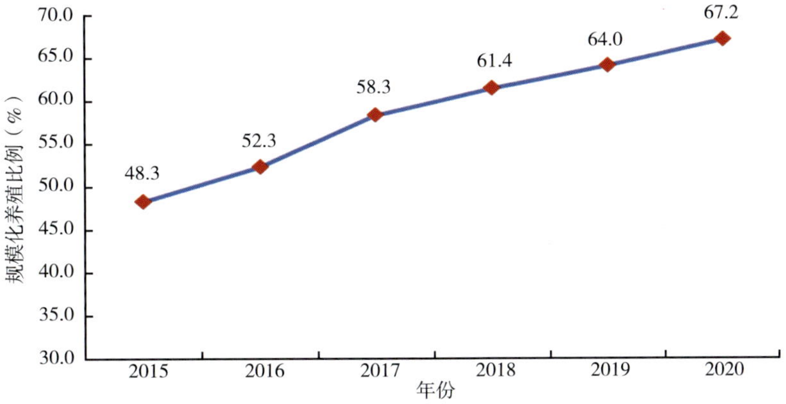

图 2–2　2015—2020 年中国奶牛 100 头以上规模化养殖比例变化

（数据来源：农业农村部）

3. 奶牛单产水平

2020 年，全国荷斯坦奶牛平均单产 8.3 吨，同比增长 0.5 吨。对 1 291 个存栏 100 头以上的规模牧场奶牛生产性能测定显示，奶牛测定日平均产奶量 32.4 千克，平均 305 天产奶量达到 9.96 吨（表 2–1）。

表2–1　2015—2020年规模牧场奶牛平均单产

年度	参测牛只（万头）	日产奶量（千克/天）
2015	79.5	27.8
2016	100.5	28.1
2017	120.2	29.0
2018	123.8	30.0
2019	127.5	31.2
2020	129.5	32.4

数据来源：中国奶业协会。

4. 生鲜乳价格

2020 年 10 个主产省区[①] 全年生鲜乳平均收购价格为 3.79 元 / 千克，同比增长 3.84%，为 2015 年以来的最高水平（图 2–3）。

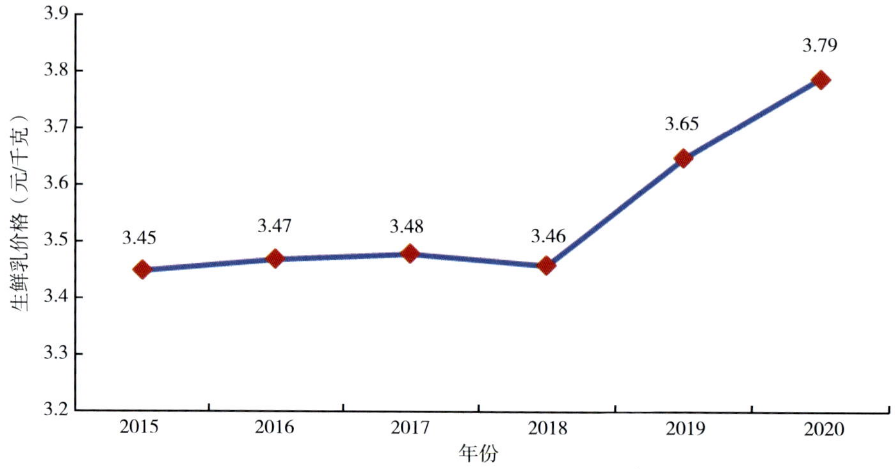

图 2–3　2015—2020 年奶业主产省区生鲜乳平均价格趋势

（数据来源：农业农村部）

① 10 个主产省区为：河北、山西、内蒙古、辽宁、黑龙江、山东、河南、陕西、宁夏、新疆。

（二）乳制品加工

1. 乳制品产量

2020 年，中国规模化以上乳制品加工企业（年主营业务收入 2 000 万元以上，下同）乳制品产量 2 780.4 万吨，同比增长 2.8%，与 2015 年持平。其中，液态奶产量 2 599.43 万吨，同比增长 3.28%，比 2015 年增长 3.1%；乳粉产量 101.2 万吨，同比下降 9.43%，比 2015 年下降 28.6%（图 2–4）。

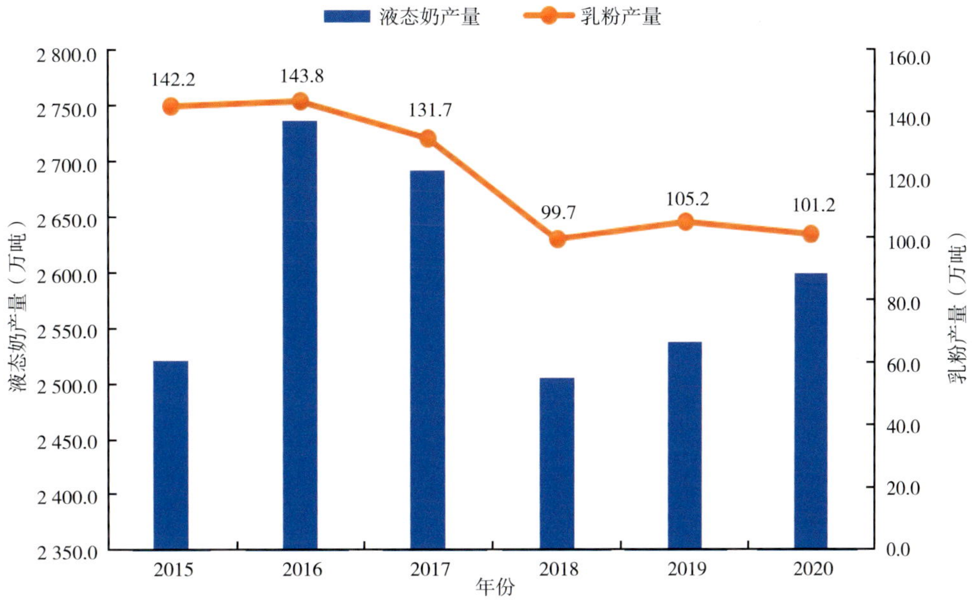

图 2–4　2015—2020 年中国乳制品产量变化

（数据来源：国家统计局）

2. 乳制品加工业集中度

2020 年，中国规模化以上乳制品加工企业 572 家，同比增加 7 家，比 2015 年减少 66 家。

3. 乳制品价格

2020 年，中国牛奶平均零售价格为 12.2 元 / 千克，同比上涨 2.5%，比 2015 年上涨 11.2%；酸奶平均零售价格为 15.4 元 / 千克，同比上涨 4.1%，比 2015 年上涨 11.6%；国产品牌婴幼儿配方乳粉平均零售价格为 203.1 元 / 千克，同比上涨 7.2%，比 2015 年上涨 23.6%（图 2–5）。

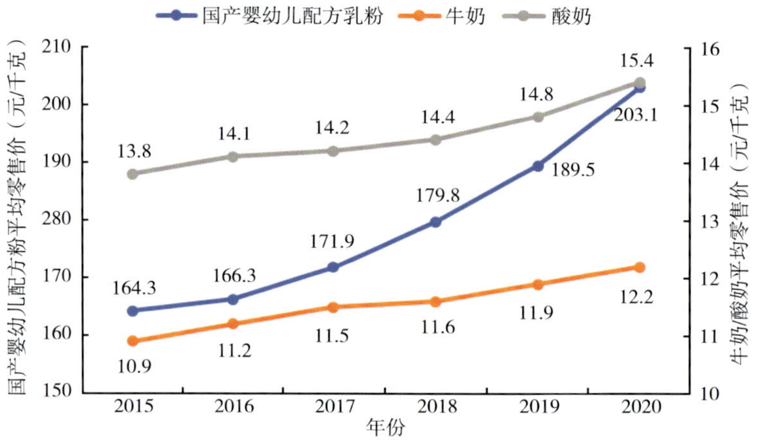

图 2-5　2015—2020 年国产乳制品平均零售价格

（数据来源：商务部）

4. 乳制品销售额和利润

2020 年，中国规模化以上乳制品制造企业主营业务收入 4 195.6 亿元，同比增长 6.2%，比 2015 年增长 26.1%；利润总额 394.9 亿元，同比增长 6.1%，比 2015 年增长 63.4%（图 2-6）。

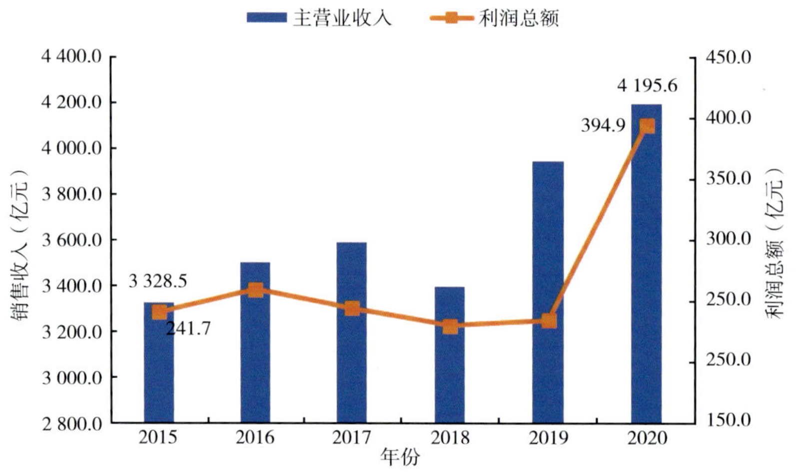

图 2-6　2015—2020 年中国乳制品加工企业主营业务收入和利润情况

（数据来源：国家统计局）

（三）乳制品及相关产品进出口

1. 乳制品进口

2020 年，中国进口乳制品 328.1 万吨，同比增长 10.4%，比 2015 年增长 83.6%（图 2-7）；进口总额 117.2 亿美元，同比增长 5.3%，比 2015

年增长 107.4%。2020 年净进口乳制品折合生鲜乳 1 887.2 万吨。其中，干乳制品 220.95 万吨，同比增长 7.8%，进口额 103.51 亿美元，同比增长 3.8%；液态奶 107.19 万吨，同比增长 16.0%，进口额 13.67 亿美元，同比增长 17.8%。

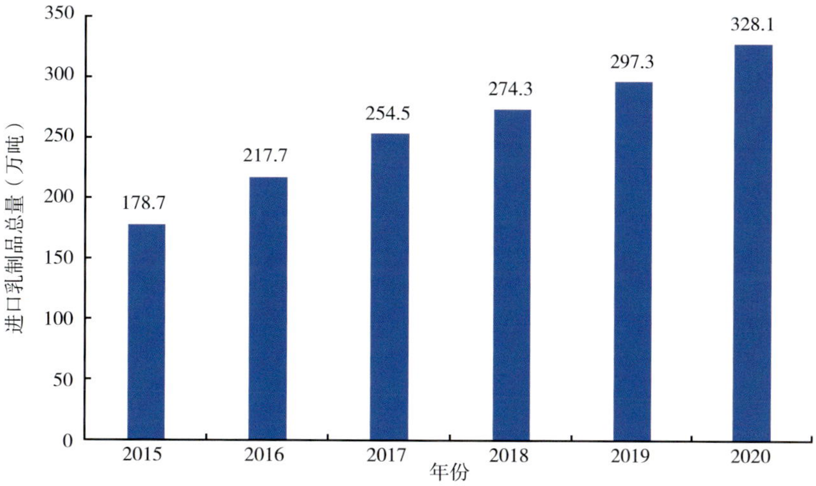

图 2-7　2015—2020 年中国进口乳制品总量

（数据来源：海关总署）

从进口来源国看，排名前六位的分别是，新西兰 125.2 万吨，占 38%；德国 44.1 万吨，占 13%；美国 27.91 万吨，占 9%；澳大利亚 23.19 万吨，占 7%；荷兰 20.5 万吨，占 6%；法国 18.2 万吨，占 6%。其他国家共 69.1 万吨，占 21%（图 2-8）。

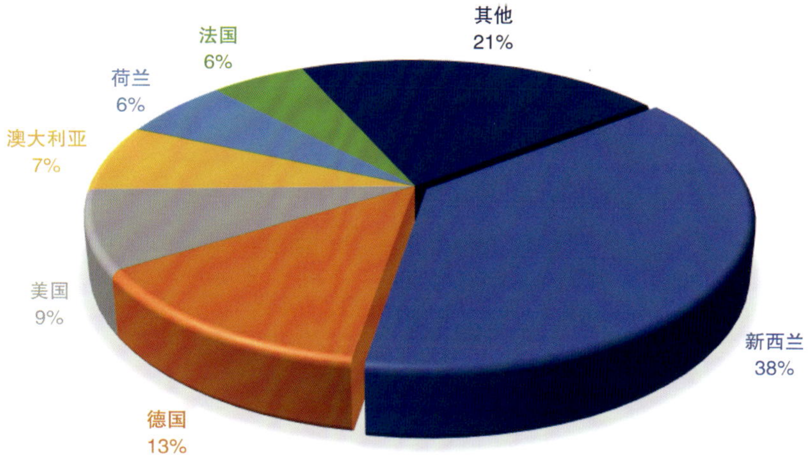

图 2-8　2020 年中国进口乳制品来源国

（数据来源：海关总署）

2. 奶牛和苜蓿进口

2020 年，中国进口种用奶牛数量持续增长。据农业农村部统计，全年共审批种用奶牛进口 9.38 万头，比 2019 年的 3.95 万头增长 137.27%。

2020 年，据行业测算，进口苜蓿干草 135.8 万吨，与去年持平，比 2015 年增长 12.2%（图 2-9）；平均进口价格 361.3 美元/吨，同比上涨 6.6%，比 2015 年下跌 6.7%。主要进口国为美国，占总进口量的 87.27%；其次为西班牙和南非，分别占总进口量的 7.4% 和 2.3%。

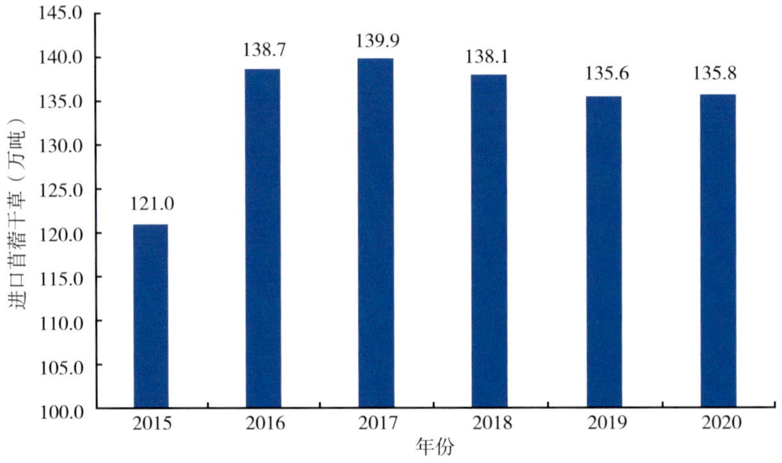

图 2-9　2015—2020 年中国进口苜蓿干草总量

（数据来源：海关总署）

3. 乳制品出口

2020 年，中国乳制品出口总量 4.3 万吨，同比减少 21.1%；比 2015 年增加 28.9%；婴幼儿配方乳粉出口总量 0.67 万吨，同比减少 62.9%，总额 1.68 亿美元，同比下降 55.6%。

（四）乳制品消费

2020 年，中国人均乳制品消费量折合生鲜乳为 38.3 千克，约为世界平均水平的 1/3，以液态奶消费为主。美国奶酪人均消费 17.48 千克，折合生鲜乳 167 千克；欧盟奶酪人均消费 18.29 千克，折合生鲜乳 186 千克；我国奶酪人均消费 0.13 千克，折合生鲜乳 1.3 千克，相对偏低。

专栏二

奶业综合生产能力全面提升 乳品质量更加安全可靠

2020年10月12日，2020中国奶业20强（D20）峰会在河北石家庄召开。农业农村部副部长于康震出席会议并作主旨报告。

会议指出，“十三五”以来，奶类产量稳中有增，产业素质明显提升，消费者对国产乳制品的信心显著增强，奶业振兴打了一场漂亮的翻身仗。奶牛规模化养殖比例超过64%。2020年，奶业生产克服疫情冲击，全国奶类产量达到3 530万吨，同比增加7.0%，规模化牧场奶牛单产接近国际先进水平。实施更加严格的乳制品加工检验制度，生鲜乳抽检覆盖所有奶站和运输车，构建起全方位的奶业全产业链质量安全监管体系。全国生鲜乳违禁添加物已连续12年保持“零检出”，2020年婴幼儿配方乳粉抽检合格率达到99.8%，在国内食品行业中居首位。

会议强调，振兴民族奶业必须育龙头、创品牌，让中国奶业的品牌走向世界，要以20强企业为主体，支持奶牛养殖升级、乳品加工提升和产品创新研发，建设一批国际化乳品企业集团，引领带动民族奶业做大做强。实施奶业品牌提升行动，以婴幼儿配方乳粉为重点，着力培育一批具有国际影响力的民族奶业“金字招牌”。

三、中国乳品质量安全

（一）奶牛养殖卫生安全

奶牛养殖环境和卫生条件是保障生鲜乳质量安全的基本要求。2020 年，继续规范奶牛场选址与建设，提升奶牛场装备设施，保障饲草料供应，强化生鲜乳储运及生鲜乳收购站管理，不断改善奶牛养殖环境和卫生条件。

1. 奶牛场建设

2020 年，中国奶牛存栏 100 头以上的规模化养殖场数量超过 6 900 个。规模化奶牛养殖场严格按照《中华人民共和国畜牧法》等法律法规的规定，执行《奶牛标准化规模养殖生产技术示范》，加强动物防疫和生鲜乳质量安全管理，实现了标准化、规范化建设与生产。

2. 奶牛场设施装备

近年来，奶牛场的机械化、信息化、智能化装备和关键技术推广应用加快，质量安全保障能力进一步加强。自 2017 年起，中国规模奶牛养殖场 100% 实现机械化挤奶，比 2012 年提高了 10 个百分点。2020 年中国 95% 的规模化奶牛养殖场配备了 TMR 搅拌车。

3. 优质饲草料供应

苜蓿和青贮玉米是奶牛的主要粗饲料。2020 年，中国优质苜蓿[①]种植面积达到 650 万亩（15 亩 =1 公顷，全书同），产量为 310 万吨，比 2012 年增加 261.1 万吨，可满足 283 万头泌乳牛的饲喂需求。

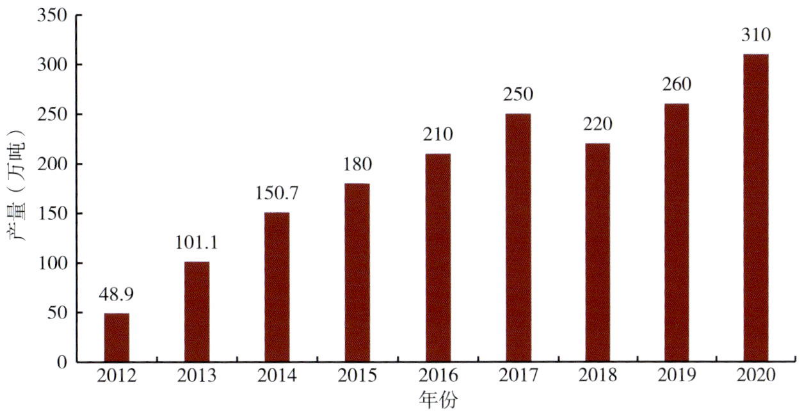

图 3-1　2012—2020 年中国优质苜蓿产量

（数据来源：农业农村部）

① 符合《苜蓿干草捆质量标准》（NY/T 1170—2006）的二级及以上标准的苜蓿。

4. 生鲜乳收购站和运输车

通过严格落实生鲜乳收购站发证六项规定，执行《生鲜乳收购站标准化管理技术规范》，生鲜乳收购站的基础设施、机械设备、质量检测、操作规范、管理制度和卫生条件显著提升。奶业监管平台对全国 4 241 个生鲜乳收购站和 5 280 辆运输车进行了信息化、精准化管理，实现监管全覆盖，保障生鲜乳质量安全。

（二）生鲜乳质量安全

生鲜乳质量安全指标中，乳蛋白、乳脂肪是衡量生鲜乳营养价值的主要指标，杂质度、酸度、相对密度、非脂乳固体是体现生鲜乳理化性质的指标，菌落总数、体细胞数、黄曲霉素 M_1 是反映生鲜乳卫生状况的主要指标，铬、汞、砷是判断生鲜乳是否受到重金属污染的主要指标，三聚氰胺是判断生鲜乳中是否存在人为添加违禁物的指标。

农业农村部从 2009 年开始实施生鲜乳质量安全监测计划，重点监测生鲜乳收购站和运输车，检测指标包括乳蛋白、乳脂肪、杂质度、酸度、相对密度、非脂乳固体、菌落总数、黄曲霉素 M_1、体细胞数、铬、汞、砷和三聚氰胺等多项指标，累计抽检生鲜乳样品约 25.5 万批次（图 3–2）。

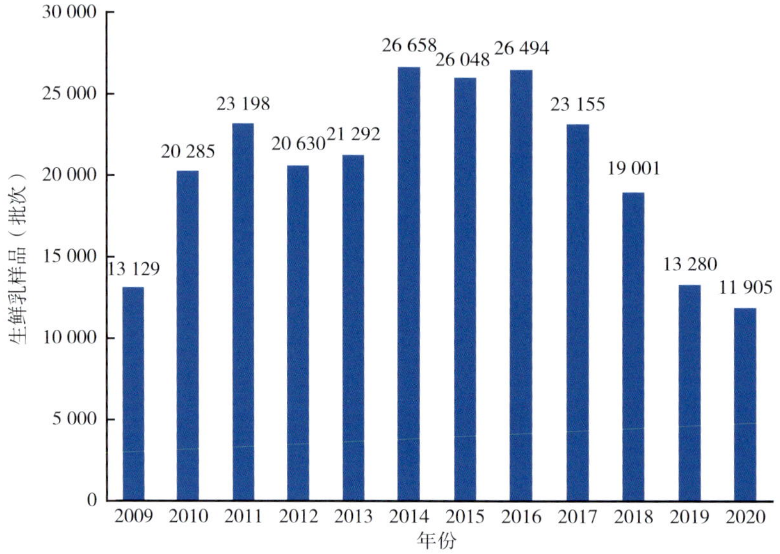

图 3–2　2009—2020 年抽检生鲜乳样品批次数

（数据来源：农业农村部）

1. 乳蛋白

乳蛋白是乳的主要成分之一，是反映牛奶营养品质的指标，乳蛋白含量国家标准为≥ 2.8g/100g。

2020 年，农业农村部对 1 133 批次生鲜乳样品进行监测，乳蛋白含量平均值为 3.27g/100g，同比增加 0.02 个百分比，远高于国家标准（图 3–3），规模化牧场生鲜乳样品乳蛋白含量平均值为 3.36g/100g（图 3–4）。

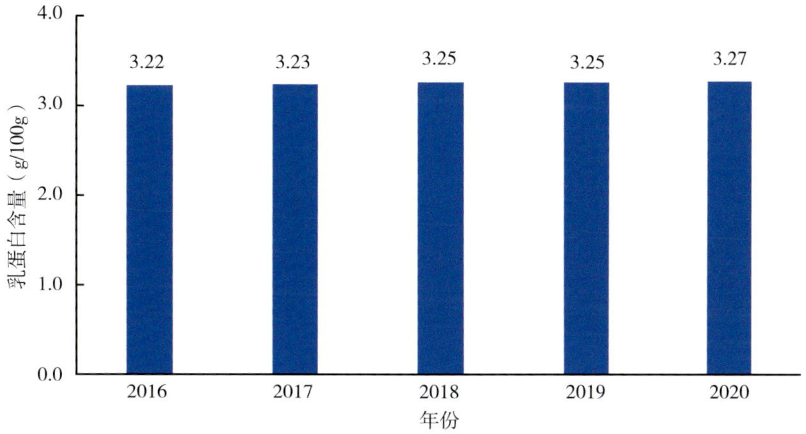

图 3–3　2016—2020 年全国生鲜乳样品中乳蛋白含量平均值
（数据来源：农业农村部）

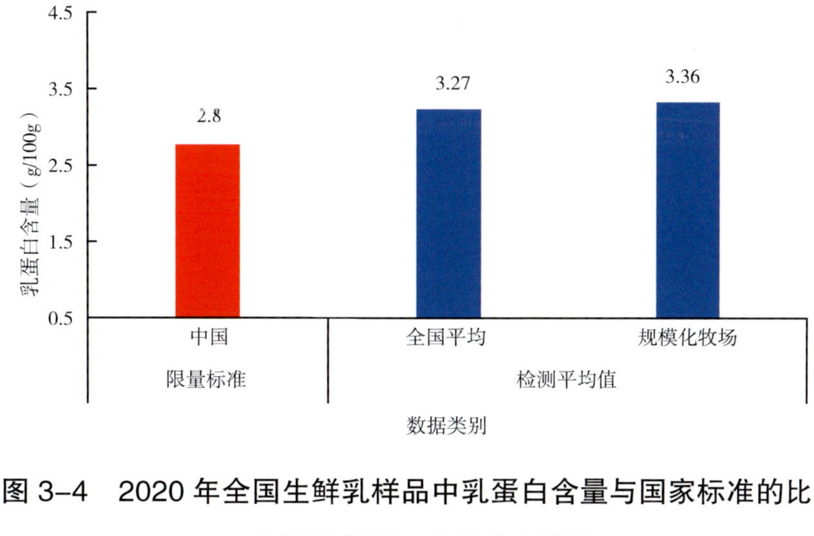

图 3–4　2020 年全国生鲜乳样品中乳蛋白含量与国家标准的比较
（数据来源：农业农村部）

2. 乳脂肪

乳脂肪是乳的主要成分之一，是反映牛奶营养品质的指标。乳脂肪含量国家标准为≥3.1g/100g。

2020年，农业农村部对1 133批次生鲜乳样品进行监测，乳脂肪含量平均值为3.78g/100g，远高于国家标准（图3–5），规模化牧场生鲜乳样品乳脂肪含量平均值为3.91g/100g（图3–6）。

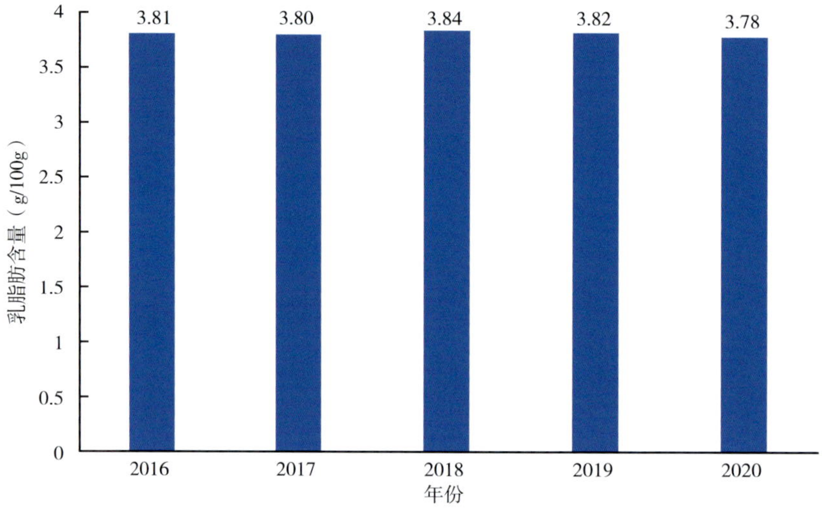

图3–5　2016—2020年全国生鲜乳样品中乳脂肪含量平均值

（数据来源：农业农村部）

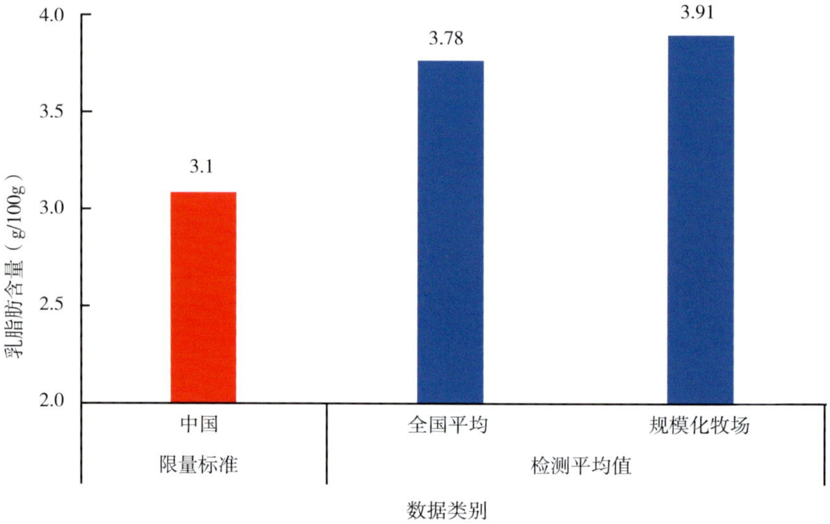

图3–6　2020年全国生鲜乳样品中乳脂肪含量与国家标准的比较

（数据来源：农业农村部）

3. 非脂乳固体

非脂乳固体是生鲜乳中除脂肪和水分外营养物质的总称，非脂乳固体含量国家标准为≥ 8.1g/100g。

2020 年，农业农村部对 1 133 批次生鲜乳样品进行监测，非脂乳固体含量平均值为 8.9g/100g，同比持平，高于国家标准（图 3–7）。

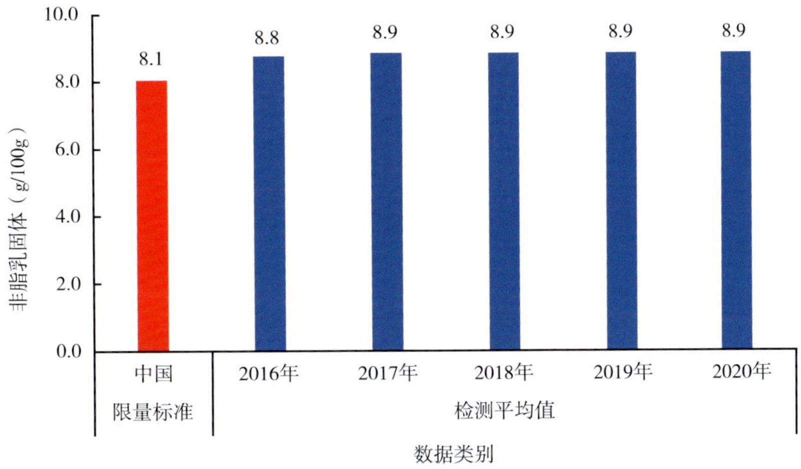

图 3–7　2016—2020 年全国生鲜乳样品中非脂乳固体含量与国家标准的比较

（数据来源：农业农村部）

4. 杂质度

杂质度是指生鲜乳中含有杂质的量，是衡量生鲜乳洁净度的重要指标，国家标准为≤ 4.0mg/kg。

2020 年，农业农村部对 1 133 批次生鲜乳样品进行监测，杂质度均符合国家标准，全年抽检合格率为 100%。

5. 酸度

酸度是评价生鲜乳新鲜程度的指标。国家标准规定，生鲜乳酸度范围为 12°T~18°T。

2020 年，农业农村部对 1 133 批次生鲜乳样品进行监测，酸度平均值为 13.86°T，符合国家标准。

6. 相对密度

相对密度是反映生鲜乳是否掺水的重要指标，国家标准为≥ 1.027。

2020 年，农业农村部对 1 133 批次生鲜乳样品进行监测，相对密度平均值为 1.032，高于国家标准（图 3–8）。

图 3-8　2016—2020 年全国生鲜乳样品中相对密度平均值与国家标准的比较

（数据来源：农业农村部）

7. 菌落总数

菌落总数是反映奶牛场卫生环境、挤奶操作环境、牛奶保存和运输状况的一项重要指标。生鲜乳中菌落总数过高，不仅会影响牛奶的口感，还可能使乳制品中的细菌数超标，从而对人体健康造成影响。世界各国都对生鲜乳中的菌落总数进行了限定。菌落总数的国家标准为≤ 200 万 CFU/mL。

2020 年，农业农村部对 1 133 批次生鲜乳样品进行监测，菌落总数平均值为 14.6 万 CFU/mL，远低于国家限量要求。另对 200 个规模化牧场生鲜乳样品进行监测，菌落总数平均值为 5.29 万 CFU/mL，低于全国平均水平（图 3-9，图 3-10）。

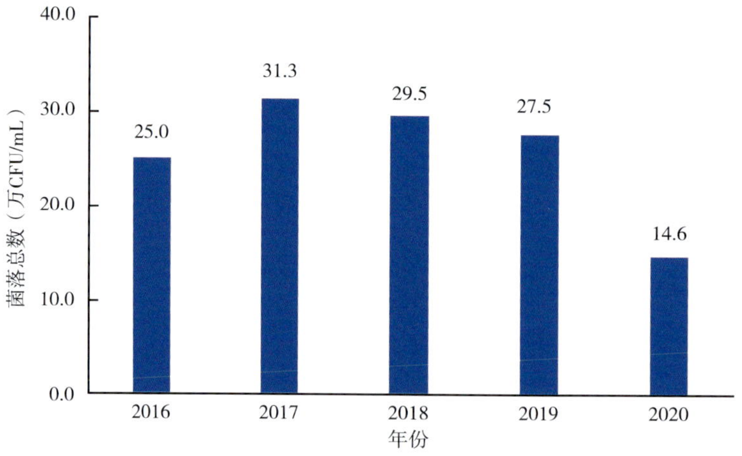

图 3-9　2016—2020 年全国生鲜乳样品中菌落总数平均值

（数据来源：农业农村部）

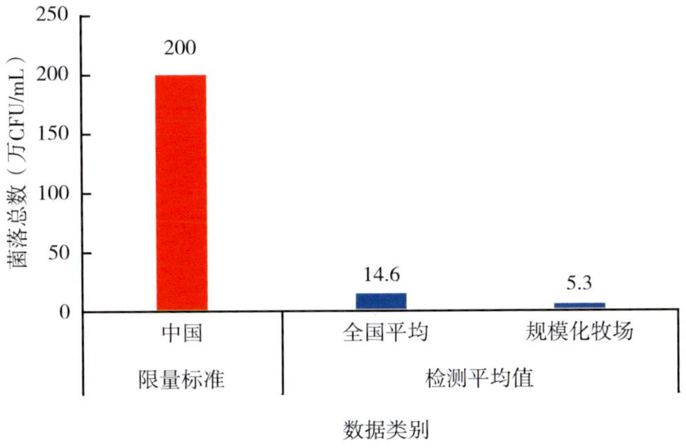

图 3-10　2020 年全国生鲜乳样品中菌落总数结果与国家标准的比较

（数据来源：农业农村部）

8. 体细胞数

体细胞数是衡量奶牛乳房健康状况和生鲜乳质量的一项重要指标，当奶牛乳房受到感染或伤害时，体细胞数会明显增加。体细胞数越高，生鲜乳中致病菌和抗生素残留的污染风险越大，对乳品质量的影响也越大。欧盟和新西兰规定生鲜乳中体细胞数≤ 40 万个 /mL，美国规定体细胞数≤ 75 万个 /mL（A 级、B 级奶），中国暂未规定。

2020 年，农业农村部对 1 347 批次生鲜乳样品进行监测，体细胞数平均值为 27.53 万个 /mL，低于欧盟、新西兰和美国标准，规模化牧场生鲜乳样品的体细胞数平均值 21.05 万个 /mL，低于全国平均水平（图 3-11）。

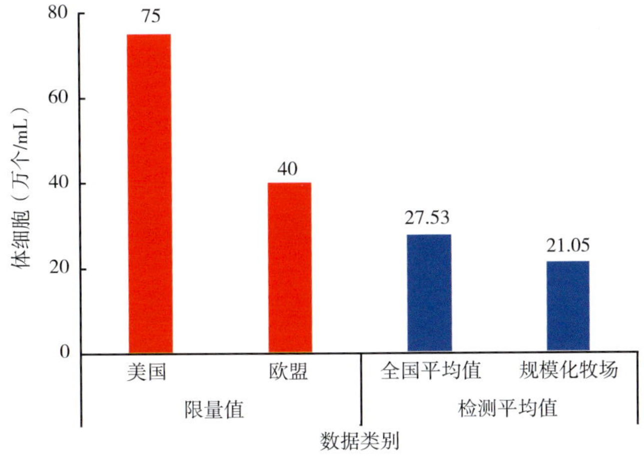

图 3-11　2020 年全国生鲜乳样品中体细胞数与美国、欧盟标准的比较

（数据来源：农业农村部）

9. 黄曲霉素 M_1

2020 年，农业农村部对 11 905 批次生鲜乳样品进行监测，黄曲霉素 M_1 检出样品的平均值为 0.038μg/kg，远低于国家标准 0.5μg/kg（图 3–12）。

图 3–12　2016—2020 年全国生鲜乳样品中黄曲霉素 M_1 平均值与中国和美国标准的比较（数据来源：农业农村部）

10. 铬

生鲜乳中铬的国家标准为≤ 0.3mg/kg。2020 年，农业农村部对 8 887 批次生鲜乳样品进行监测，合格率为 100%（图 3–13）。

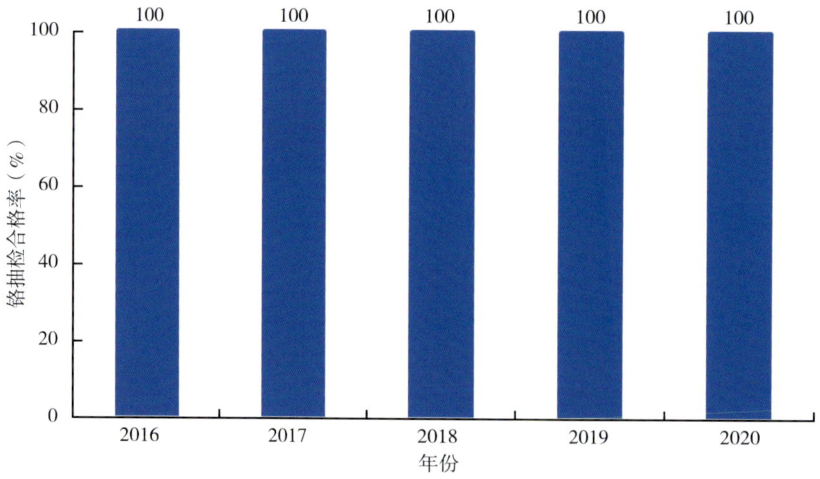

图 3–13　2016—2020 年全国生鲜乳样品中铬的抽检合格率（数据来源：农业农村部）

11. 汞

生鲜乳中汞的国家标准为≤0.01mg/kg。2020年，农业农村部对8 938批次生鲜乳样品进行监测，合格率为100%（图3-14）。

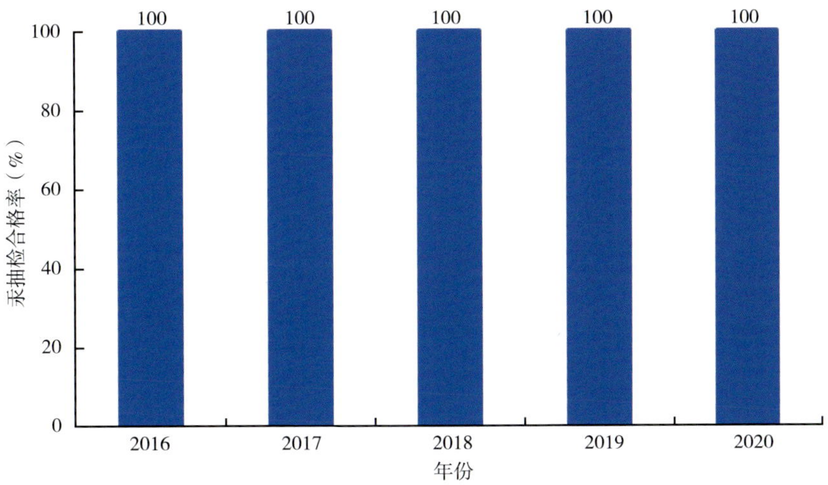

图3-14　2016—2020年全国生鲜乳样品中汞的抽检合格率

（数据来源：农业农村部）

12. 砷

生鲜乳中砷的国家标准为≤0.1mg/kg。2020年，农业农村部对8 938批次生鲜乳样品进行监测，合格率为100%（图3-15）。

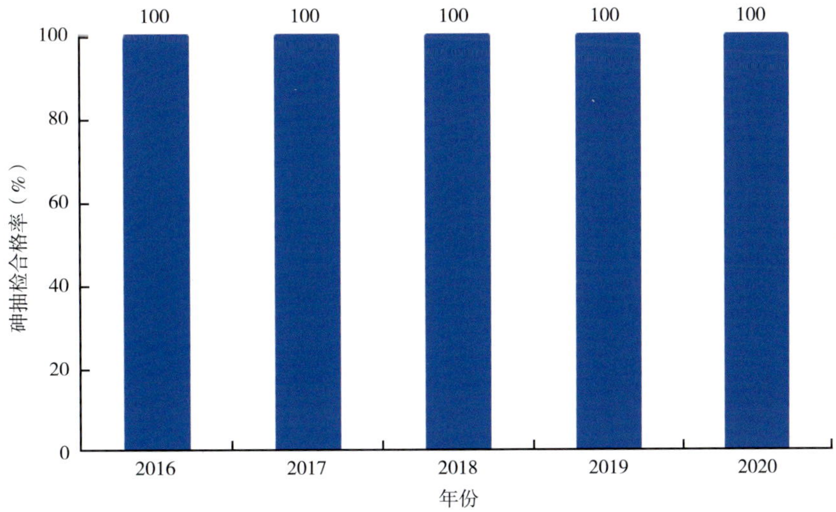

图3-15　2016—2020年全国生鲜乳样品中砷的抽检合格率

（数据来源：农业农村部）

13. 三聚氰胺

生鲜乳中三聚氰胺的国家标准为≤2.5mg/kg。2020年，农业农村部对9 370批次生鲜乳样品进行监测，结果均为未检出，抽检合格率100%（图3–16）。

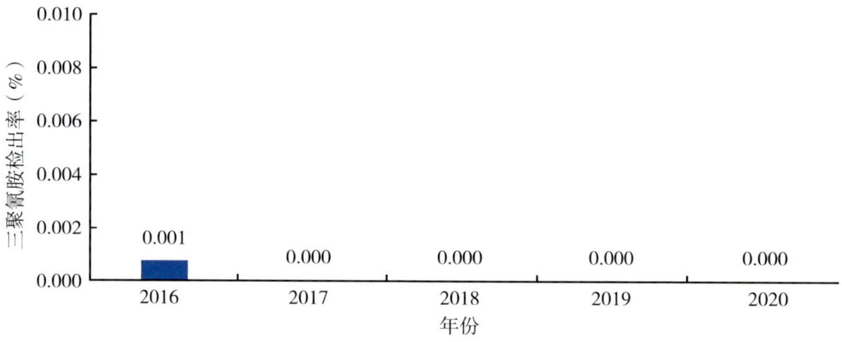

图3–16　2016—2020年全国生鲜乳样品中三聚氰胺检出率

（数据来源：农业农村部）

（三）乳制品质量安全

1. 与国内其他食品比较

2020年，国家市场监督管理总局完成国家食品安全监督抽检6 387 366批次，总体合格率97.69%，与2019年基本持平。其中，乳制品、婴幼儿配方乳粉抽检合格率分别为99.87%、99.89%（表3–1）。

表3–1　2020年乳制品与食品抽检合格率比较

抽样	食品	乳制品	婴幼儿配方乳粉
合格比例（%）	97.69	99.87	99.89

数据来源：国家市场监督管理总局。

2. 进口乳制品未准入境情况

2020年，各进境口岸从来自12个国家或地区的乳制品中检出未准入境产品共计38批次，约304.03吨，主要未准入境原因为品质不合格、证书不合格、货证不符、微生物污染、未获检验检疫准入等。所有未准入境的乳制品均已在口岸退运或销毁。2020年，未准入境产品中无婴幼儿配方乳粉（表3–2）。

表3-2 进口乳制品未准入境情况

项目	未准入境乳制品、国别及不合格批次
类型	乳粉（16）、干酪（6）、发酵乳（4）、乳清粉（3）、消毒乳（1）、奶片（2）、酸奶粉（1）、炼乳（2）、蛋白粉（3）
进口国家	大洋洲：澳大利亚（3）、新西兰（7） 欧　洲：意大利（6）、荷兰（5）、德国（3）、乌克兰（2）、西班牙（1）、法国（1）、白俄罗斯（1） 北美洲：美国（3） 亚　洲：韩国（4）、日本（2）

数据来源：海关总署

（四）结论

2020 年监测结果表明，我国生鲜乳及奶产品质量安全风险可控，整体状况良好。

第一，生鲜乳中乳蛋白、乳脂肪等质量安全指标达到较高水平。监测结果表明，2016—2020 年，生鲜乳的乳蛋白和乳脂肪平均水平高于《食品安全国家标准　生乳》要求，生鲜乳质量安全水平大幅提升。

第二，生鲜乳中各项安全指标达到标准。菌落总数、黄曲霉素 M_1、杂质度、酸度等监测平均值均符合我国限量标准，体细胞数平均值符合欧盟限量标准，表明我国奶牛养殖环境和奶牛健康状况显著改善，奶源优质安全。

第三，生鲜乳收购、运输行为规范，生鲜乳中不存在人为添加三聚氰胺的现象。自婴幼儿配方乳粉事件以来，通过不断强化生鲜乳质量安全监管，有效遏制了违禁添加等违法行为。

第四，继续把婴幼儿配方乳粉作为食品安全监管的重中之重，综合施策从严管理，加大婴幼儿配方乳粉进口产品的监管力度，严禁检测不合格乳制品进入我国，并依法对未准入境产品做退货或销毁处理，保护了消费者权益。

专栏三

贯彻新发展理念
扎实推进奶业全面振兴

2020 年 10 月 11—13 日，第十一届中国奶业大会暨 2020 中国奶业展览会在河北石家庄召开。农业农村部总畜牧师马有祥出席会议并讲话。

会议指出，要以新发展理念为指导，以国办奶业振兴意见为遵循，扎实推进奶业全面振兴，以扩大绿色优质安全乳制品供给为目标，大幅提升奶业综合生产能力，继续优化产业结构和产品结构，显著提升国产奶的竞争力和美誉度，提升产业链现代化水平。

一是持续加强优质奶源基地建设。优化调整奶源布局，打造我国黄金奶源带。继续实施奶牛遗传改良计划，支持优质饲草料生产。推广提质增效的典型模式，引导适度规模化养殖，不断提高奶牛养殖规模化水平。

二是加快完善乳品加工流通体系。优化乳制品产品结构，统筹发展液态乳制品和干乳制品，推进乳制品销售新模式，拓展乳品消费增长点。密切养殖加工利益联结，完善生鲜乳价格协商机制，优化生鲜乳购销秩序。

三是切实强化乳品质量安全监管。加快健全乳品质量安全标准体系，加强对生鲜乳收购站和运输车管理，建立健全全过程乳品质量安全追溯体系，加大婴幼儿配方乳粉监管力度。

四是积极引导乳品市场消费。通过多种渠道、活动，推介和展示国产乳制品良好品质，提升中国奶业品牌影响力，扩大乳品消费市场，助力民族奶业振兴，践行健康中国战略。

四、中国奶业质量安全监管

2020 年，国务院有关部门全面落实国办奶业振兴意见和全国奶业振兴工作推进会议精神，按照农业农村部等九部委《关于进一步促进奶业振兴的若干意见》要求，继续加强奶业质量安全监管工作，完善乳品法规标准，严格监控乳品质量安全，提高奶牛养殖以及乳品加工企业竞争力，强化奶业消费宣传，协同推进奶业振兴各项重点工作。

（一）继续完善乳品法规标准

中国现行的奶业标准共有 200 多项，涵盖奶畜养殖、生鲜乳、乳制品、生产加工、质量控制以及检测方法等各个环节和领域，国内标准与国际通行标准的一致性逐步提高，乳品标准体系日趋完善，为规范乳品生产和质量控制提供了依据。2020 年，《食品安全国家标准　生乳》《食品安全国家标准　巴氏杀菌乳》《食品安全国家标准　灭菌乳》等乳品安全国家标准，按照食品安全国家标准制定修订工作程序稳妥推进。开展修订《乳制品生产许可审查细则》《乳制品工业产业政策》，进一步对产能、距离等限制条件进行优化。修订《食品生产许可分类目录》，完善乳制品许可分类制度，增加高温杀菌乳、浓缩乳等品种。修订《婴幼儿配方乳粉产品配方注册管理办法》，严格婴幼儿配方乳粉产品配方审核，鼓励研发创新，促进产品品质提升。

（二）严格监管乳品质量安全

一是连续第 12 年实施生鲜乳质量安全监测计划。全年组织采取专项监测、飞行抽检、风险隐患排查等方式，共抽检 1.1 万批次生鲜乳样品，现场检查奶站 0.61 万个（次）、运输车 0.58 万辆（次）。二是大力推进监管信息化、精准化。将全国 4 241 个生鲜乳收购站和 5 280 辆运输车，全部纳入监管监测信息系统，实时掌握奶站和运输车的运行和变化情况。三是继续开展生鲜乳专项整治行动。按照生鲜乳质量安全监督管理总体部署，对生鲜乳收购站、生鲜乳运输车现场检查，对生鲜乳质量安全指标进行检测，对发现的不合规行为及时督促整改，对发现的违法行为进行查处。据统计，2020 年全国累计完成随机抽查 487 批次，其中，生鲜乳收购站 227 批次、生鲜乳运输车

260 批次。随机抽查工作对抽查样品中三聚氰胺、革皮水解物、碱类物质、黄曲霉素 M_1、铅、铬、汞和砷 8 项指标开展检测及判定，检测结果显示 8 项指标抽检合格率均为 100%。四是加强乳制品质量安全监督抽检。2020 年，生鲜乳、乳制品抽检合格率达到 99.8%，依法监督企业下架召回不合格产品，督促企业查找不合格原因并进行整改，对违法违规行为进行严肃处罚。

（三）全过程监管婴幼儿配方乳粉

一是源头严格控制。继续落实“确保婴幼儿配方乳粉奶源安全六项措施”，从奶源基地建设、饲草料供应、奶源质量安全抽检、奶站和运输车监管、关键技术推广、政策扶持等六方面确保婴幼儿配方乳粉奶源安全。二是过程严格管理。严格婴幼儿配方乳粉产品配方审核，全年新增批准通过 15 家企业的 70 个配方，注销境内 6 家企业 30 个配方，不予注册 7 家企业 30 个配方，变更注册 378 个配方；指导各省级市场监管部门建立婴幼儿配方乳粉生产企业食品安全体系检查常态化机制，开展婴幼儿配方乳粉生产企业全覆盖的体系检查，全年累计完成 14 个省 40 家企业体系检查。三是强化监督抽检。组织开展婴幼儿配方乳粉“月月抽检”，每月对已获婴幼儿配方乳粉配方注册且在产、在售的婴幼儿配方乳粉生产企业进行抽检，全年完成监督抽检 15 330 批次，检出不合格样品 17 批次，抽检不合格率 0.11%。全国范围内开展乳制品监督抽检，重点加大对既往发现的不合格检验项目和不合格食品企业的抽检力度，全年共完成乳制品监督抽检 87 273 批次，检出不合格样品 113 批次，抽检不合格率为 0.13%。四是加大处罚力度。对监督抽检发现的不合格产品及其企业，立即责令企业下架召回、停产整改。

（四）不断提高奶牛养殖竞争力

一是继续大力推动奶牛标准化规模养殖。开展奶牛养殖标准化示范创建，支持奶牛养殖场改扩建、小区牧场化转型和家庭牧场发展。2020 年支持 120 个县的奶牛养殖场户开展畜禽粪污处理利用工作，提升奶牛养殖的粪污资源化利用能力。二是加强奶牛良种繁育体系建设。推进落实《全国奶牛遗传改良计划（2021—2035 年）》，继续实施荷斯坦牛种质自主创新联合攻关，加快奶牛基因组选择平台建设，发布中国乳用种公牛遗传评估概要。三是持续开展奶牛生产性能测定工作。对 129.5 万头奶牛开展奶牛生产性能测定，推动提高饲养管理和育种选育水平。四是继续实施振兴奶业苜蓿发展行动。扩大粮改饲实施范围，支持 100 万亩优质苜蓿基地建设，提高苜蓿生产专业化、标准化、规模化和集约化水平，助推提升奶牛生产效率和生鲜乳质量安全水平，2020 年全国优质商品苜蓿种植面积超过 650 万亩。

（五）大力提升乳品企业竞争力

一是优化乳制品产品结构。引导企业积极研发乳制品生产新工艺、新技术，因地制宜发展适合不同消费者需求的特色乳制品和功能性产品，提升产品价值链；推动发展奶酪等符合新的消费趋势的干乳制品。二是继续推动乳品企业特别是婴幼儿配方乳粉企业兼并重组。总结交流各地区和典型企业的好做法和经验，督促重点地区加快落实兼并重组实施方案。三是提升乳品企业质量安全保障水平。督促企业定期开展自查，实施从配方研发、原料查验、生产管控、出厂检验到销售的全过程管控，切实防控食品安全风险隐患。鼓励企业全面实施良好生产规范、危害分析与关键控制点体系等生产质量管理体系。四是提升质量安全水平。市场监管总局印发《乳制品质量安全提升行动方案》，明确乳制品监督抽检合格率等总体目标，强化法规标准体系建设，落实企业主体责任。

（六）继续强化奶业消费宣传

召开第十一届中国奶业大会暨 2020 中国奶业展览会，展现中国奶业发展成就，展示国内奶业先进技术工艺、设施设备和产品，举办乳品健康消费等论坛；召开 2020 中国奶业 20 强（D20）峰会，回顾 D20 峰会五年历程，展现 D20 企业品牌建设成效。开展“中国小康牛奶行动”，行动内容之一的牛奶助学公益行动取得良好的社会效果，以 D20 企业为主的奶业企业积极为贫困地区学校捐赠牛奶。截至 2020 年，累计捐赠总价值 2.15 亿元乳制品，惠及 1.71 万所中小学校的 588.21 万学子。实施《奶业品牌提升实施方案》，推进“国家学生饮用奶计划”，培养和扩大消费群体；开展“奶香飘万家”活动，发布中国奶业质量报告（2020），普及乳品知识，介绍奶业质量安全情况，大力宣传优质奶业品牌。

专栏四

《国家“学生饮用奶计划”推广规划（2021—2025 年）》发布

2020 年 12 月 22 日，国家“学生饮用奶计划”实施 20 年暨现代奶业评价体系建设推进会在北京召开，《国家“学生饮用奶计划”推广规划（2021—2025 年）》（以下简称《规划》）正式发布。

学生饮用奶是改善和提高学生营养健康和身体素质的重要途径。目前，全球 60 多个国家或地区在推广学生奶，超过 1.6 亿儿童受益。实施国家“学生饮用奶计划”是一项关系国家、民族根本利益的长远大计。

原农业部副部长、中国奶业协会名誉会长高鸿宾出席会议并作讲话。他表示，推广国家“学生饮用奶计划”是一件好事，对青少年的营养健康，对民族的强壮，对祖国的发展，至关重要。

《规划》提出，到 2025 年，国家“学生饮用奶计划”推广取得明显进展，政策法规更加完善，运行机制更为高效，质量安全显著提升，入校操作更加规范，供应能力明显增加，覆盖范围不断扩大，社会影响力进一步提升，学生身体素质和营养健康水平得到有效提高和改善。《规划》对覆盖学生人数、日供应量、生产企业数量、奶源基地、产品种类、抽检合格率都提出了具体的目标要求。

五、2021 年中国奶业质量安全工作重点

2021 年是“十四五”规划的开局之年，也是奶业振兴的关键之年，落实国办奶业振兴意见，推动解决奶业发展中的实际问题，实施奶业提质增效行动，合力加快推进奶业振兴。

（一）严格乳品质量安全监管

加强乳品质量安全监管能力建设，提升基层监管水平。开展奶牛绿色健康养殖行动，强化源头治理，严格奶牛养殖环节饲料、兽药等投入品使用和监管。加强对奶牛养殖、生鲜乳运输等重点环节监管；实施区域生鲜乳质量安全监测计划，开展生鲜乳专项整治和检查，严格落实生鲜乳运输交接制度。推进地市级生鲜乳收购第三方质检中心建设试点。完善监管监测信息系统，实行奶牛养殖和生鲜乳收购、运输信息共享。引导奶牛养殖户将生鲜乳交售到合法的生鲜乳收购站，督促乳企落实主体责任，拒收奶贩及来源不明的奶源。

（二）加强婴幼儿配方乳粉监管

继续强化婴幼儿配方乳粉产品配方注册管理，保障配方的科学性、安全性。继续加大监管力度，落实“确保婴幼儿配方乳粉奶源安全六项措施”，实施月月全项目抽检制度，对不合格产品及时公布，督促婴幼儿配方乳粉生产企业切实落实食品安全主体责任。倡导企业以生鲜乳为原料生产婴幼儿配方乳粉，支持企业建设自有奶源基地，提升婴幼儿配方乳粉生产企业的奶源供给和质量安全控制能力。继续扩大婴幼儿配方乳粉追溯体系建设范围，引导更多骨干企业纳入追溯体系。

（三）强化优质奶源基地建设

推动奶牛育种及单产提升。扩大奶牛生产性能测定范围，扩大补贴参测奶牛规模至 100 万头。稳定优质饲草料种植，保证 100 万亩高产优质苜蓿种植基地实施规模，提高优质饲草料供应能力。组织实施“奶牛金钥匙”技术培训，提升精细化饲养管理水平。支持和指导奶农发展乳制品加工试点，让养殖环节分享产品加工销售红利；鼓励适度规模化家庭牧场发展。

（四）推动乳制品加工业发展

推动乳制品工业产业政策修订，研究放宽对乳制品加工布局的半径和日处理能力等限制。继续推进奶农发展乳制品加工试点。加强新产品研发，大力发展低温乳制品，增加奶酪、黄油等干乳制品生产，不断优化乳制品产品结构，提升乳制品品质，形成差异化竞争。持续提升国产婴幼儿配方乳粉的品质、竞争力和美誉度，提高市场占有率。

（五）促进奶业宣传引导

充分把握当前消费增长的大好契机，加强奶业公益宣传，普及乳品知识，尤其是巴氏杀菌乳、灭菌乳、奶酪等乳制品的营养知识，提升广大群众对乳制品的认知度和信任度，培育国民食用乳制品特别是干乳制品的习惯。加大国家学生饮用奶计划推广力度，继续实施小康牛奶行动，有效培育乳制品消费群体，引导增加乳制品消费。完善 D20 联盟运行机制，创新 D20 峰会召开形式，丰富 D20 峰会内容，推进 D20 企业之间的大联合、大协作，合力打造中国奶业大品牌。开展休闲观光牧场推介，鼓励消费者走进奶牛养殖场和乳品加工厂，切身体验国产牛奶安全生产的全过程，提振消费信心。

专栏五

拼搏进取的中国奶业 D20

中国 D20 企业联盟简介

D20 是指中国奶业 20 强企业，D 是 Dairy（奶业）的首字母。2015 年，中国奶业协会根据乳品企业品质和口碑、品牌影响力、奶源基地建设、自建牧场奶牛存栏、生鲜乳收购量、销售额等指标，在全国 600 多家乳品企业中评选出综合排名前 20 位的企业，每三年进行一次调整。

在中国奶业协会推动下，成立了中国 D20 企业联盟，联盟秘书处设在中国奶业协会，负责中国 D20 企业联盟日常工作和 D20 峰会的组织工作。2015 年 8 月 18 日，在北京钓鱼台国宾馆召开首届峰会，汪洋副总理出席峰会并致辞。2016 年、2017 年和 2018 年先后在河北石家庄、黑龙江齐齐哈尔和内蒙古呼伦贝尔召开第二、第三、第四届峰会，胡春华副总理、农业农村部韩长赋部长、于康震副部长以及工业和信息化部、海关总署、国家食品药品监督管理总局等部委相关负责人出席会议并讲话。2019 年 11 月 27 日，在上海召开第五届峰会，农业农村部于康震副部长发表主旨演讲，马有祥总畜牧师出席。2020 年 10 月 12 日，在河北石家庄召开 2020 中国奶业 20 强（D20）（第六届）峰会。农业农村部副部长于康震出席会议并作主旨演讲，马有祥总畜牧师出席。

D20企业奶源质量优良

2020年，农业农村部抽检D20企业的生鲜乳样品7 840批次，占全国抽检总量的60.0%。检测结果显示，D20企业奶源质量良好，优于全国平均水平。

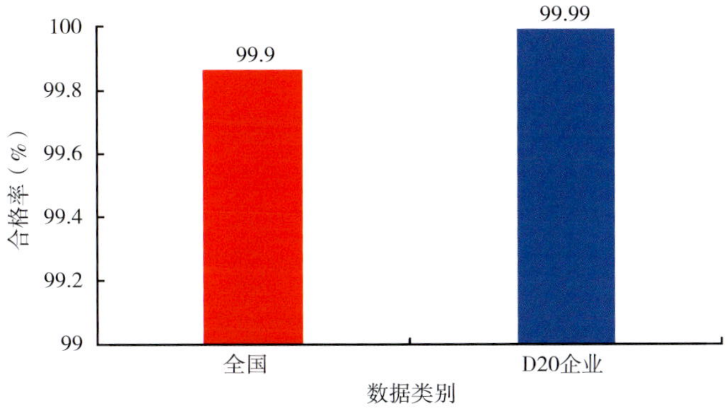

全国及D20企业生鲜乳监测合格率情况对比

（数据来源：农业农村部）

D20企业名单

内蒙古伊利实业集团股份有限公司
内蒙古蒙牛乳业（集团）股份有限公司
光明乳业股份有限公司
现代牧业（集团）有限公司
石家庄君乐宝乳业有限公司
北京三元食品股份有限公司
西安银桥乳业（集团）有限公司
内蒙古圣牧高科牧业有限公司
黑龙江飞鹤乳业有限公司
黑龙江省完达山乳业股份有限公司
新希望乳业股份有限公司
中地乳业集团有限公司
济南佳宝乳业有限公司
中垦乳业股份有限公司
河南花花牛乳业集团股份有限公司
南京卫岗乳业有限公司
贝因美婴童食品股份有限公司
广东燕塘乳业股份有限公司
新疆天润乳业股份有限公司
福建长富乳品有限公司

5家观察员名单

辽宁辉山乳业集团有限公司
皇氏集团股份有限公司
山东得益乳业股份有限公司
新疆西域春乳业有限责任公司
天津嘉立荷牧业集团有限公司

附录　乳品科普知识

乳品科普知识

◎名词解释

1. 发酵乳：以生牛（羊）乳或乳粉为原料，经杀菌、发酵后制成的 pH 值降低的产品。

2. 风味发酵乳：以 80% 以上生牛（羊）乳或乳粉为原料，添加其他原料，经杀菌、发酵后 pH 值降低，发酵前或后添加或不添加食品添加剂、营养强化剂、果蔬、谷物等制成的产品。

3. 乳酸菌饮料：以乳或乳制品为原料，经乳酸菌发酵制得的乳液中加入水，以及白砂糖和（或）甜味剂、酸味剂、果汁、茶、咖啡、植物提取物等的一种或几种调制而成的饮料。

◎发酵乳的分类

1. 按照组织状态分类：凝固型酸乳、搅拌型酸乳。

2. 按照原料乳中脂肪含量分类：全脂酸乳、部分脱脂酸乳、脱脂酸乳。

3. 按成品口味分类：天然纯酸乳、加糖酸乳、调味酸乳、果料酸乳、复合型酸乳。

4. 按发酵后的加工工艺分类：巴氏杀菌热处理风味酸乳、浓缩酸乳、冷冻酸乳、酸乳粉。

5. 按照保存温度分类：低温酸乳、常温酸乳。

乳品科普知识

◎含乳饮料是发酵乳吗？

不是。含乳饮料是指以乳或乳制品为原料，加入水及适量辅料经配制或发酵而成的饮料制品，还可以称为乳（奶）饮料、乳（奶）饮品，执行 GB 21732—2008《食品安全国家标准　含乳饮料》标准。发酵乳是指以生牛（羊）乳或乳粉为原料，经杀菌、发酵后制成的 pH 值降低的产品，执行 GB 19302—2010《食品安全国家标准　发酵乳》标准。可通过蛋白质含量进行区分和判断。含乳饮料的蛋白质含量要求大于等于 1.0%，乳酸菌饮料的蛋白质含量要求大于等于 0.7%。发酵乳的蛋白质含量要求大于等于 2.9%，风味发酵乳的蛋白质含量要求大于等于 2.3%。

◎酸奶盖上的凝固物能吃吗？

凝固物就是酸奶的脂肪。在冷藏保存过程中，酸奶中的脂肪加速上浮。上浮的脂肪层在运输过程的晃动下，就会粘在盖子上；冷藏条件则使这层原本松松垮垮的脂肪层变得更加“坚固”，并且还会粘住部分下层的酸奶，形成一层凝固层，其脂肪和蛋白的含量都较高。因此，酸奶盖上的凝固物不但能吃，而且非常美味。

◎吃多了，喝杯酸奶有助于消化吗？

酸奶通常被认为是一种可促进消化的食物。事实上酸奶确实有助于胃肠蠕动和消化液的分泌。但是酸奶本身是一种饱腹感较强的食物。当人们吃多的时候，再喝一杯酸奶反而会加重饱胀感，并不利于消化。